Bem-vindo ao Reino!

Aprendendo a Reinar com Deus

Daniel King

Bem-vindo ao Reino! Aprendendo a Reinar com Deus (Portuguese)

ISBN: 1-931810-29-X

Traduzido por Fábio L. Apolinário Jr.

Copyright 2015 by:
    Daniel King
    King Ministries
    PO Box 701113
    Tulsa, OK 74170-1113 USA
    1-877-431-4276
    daniel@kingministries.com

Conteúdo

Introdução

Bem-vindo ao Reino de Deus

Existem dois reinos na Terra. O Reino de Deus (que é cheio de luz, vida, alegria, saúde, abundância, e amor) e o reino de Satanás (cheio de trevas, pecado, vergonha, doença, e ódio). Nós temos que decidir qual reino vamos servir.

Se você aceitou Jesus como Senhor da sua vida, parabéns! Agora você é filho do Rei. Deus é seu Pai, Jesus Cristo é seu irmão e você é um cidadão do reino de Deus. **Pois ele nos resgatou do domínio das trevas e nos transportou para o Reino do seu Filho amado, em quem temos a redenção, a saber, o perdão dos pecados. (Colossenses 1:13-14)**

Existem muitas verdades que você precisa saber sobre o Reino. Este livro foi escrito para você saber o que significa ser membro da família de Deus. Você aprenderá como viver uma vida em abundância!

Capítulo 1:

Deus Te Ama

"**Deus é amor**" **(1 João 4:8).** A incrível história do amor de Deus por você começa lá no início dos tempos. A Bíblia fala: "**No princípio Deus criou os céus e a terra**" **(Gênesis 1:1).** Deus queria um amigo. Ele queria um companheiro com quem ele pudesse andar e conversar. Ele decidiu criar um amigo muito especial que iria viver as mesmas coisas que Ele, que O amaria e O louvaria.

Deus começou a preparar uma casa muito bonita para este amigo. Ele criou a Terra, o Sol, a Lua, e as estrelas. Ele criou as aves dos céus, os peixes dos oceanos, e milhares de espécies de animais e plantas. Com as próprias mãos, Deus criou as montanhas e os vales.Deus, propositalmente, escondeu pedras preciosas e pepitas de ouro para que encontrássemos. Quando tudo estava exatamente como Ele queria, Ele criou a peça-chave: O homem. Todas as criaturas surgiram da imaginação de Deus, mas Deus nos fez conforme a própria imagem e semelhança dEle **(Gênesis 1:27).**

O nome que Deus deu ao primeiro homem foi Adão, e para a primeira mulher, Eva. Deus deu para eles o mundo inteiro, como presente. Também deu autoridade para reinarem sobre os peixes, sobre as aves, e sobre todos os animais que se movem sobre a terra. Adão tinha poder sobre tudo o que tinha na Terra. Tudo o que Deus criou tem um propósito específico. As aves foram feitas para voar, os peixes para nadar, as plantas para servirem de alimento e o ar para respirarmos. Você foi feito para reinar e para ser amigo de Deus.

Todos os dias, Adão e Eva iam passear e conversar com Deus. Deus ensinou Adão como ser rei. Ele explicou para Adão quais eram as responsabilidades e os privilégios em reinar. Praticamente, o que Deus disse a Adão foi: "Adão, como rei, você deve proteger e amar sua esposa. Eu preciso que você tome conta de tudo o que eu criei. Viva em paz e harmonia. Use tudo o que criei para fazer o bem. E o mais importante de tudo: Dê ouvidos ao que Eu te falo; seja obediente, pois eu sou o Deus Todo-Poderoso".

Infelizmente, tinha um outro ser que queria ser rei. O nome dele é Satanás. Ele era um anjo que se revoltou contra Deus **(Isaías 14:11-15)** e como castigo, ele foi lançado fora do céu junto com seus seguidores **(Lucas 10:18)**. Como Satanás estava com inveja de Adão porque ele estava reinando sobre a Terra, ele decidiu roubar o reinado de Adão. Deus proibiu Adão e Eva de apenas uma coisa. Deus colocou uma árvore no meio do jardim. **"E o Senhor Deus ordenou ao homem: "Coma livremente de qualquer árvore do jardim, mas não coma da árvore do conhecimento do bem e do mal, porque no dia em que dela comer, certamente você morrerá" (Gênesis 2:16-17).** Deus colocou esta inofensiva árvore no meio do jardim apenas para testar a obediência deles. Comer do fruto dela significaria morte espiritual e a separação eterna de Deus.

Um dia, Satanás apareceu no jardim em forma de serpente. Ele enganou e convenceu Eva a comer o fruto daquela árvore. Eva deu o fruto para Adão e ele também comeu **(Gênesis 3:6)**. Naquele exato momento Adão perdeu seu reinado porque desobedeceu a Deus. No fim de tarde, quando Deus andava pelo jardim, Adão e Eva se esconderam porque eles estavam com medo e com vergonha do que tinham feito. Deus chamou o nome dos dois, mas ficou muito entristecido porque nenhum deles respondeu.

Finalmente, Adão e Eva contaram para Deus o que tinham feito. O pecado deles foi a desobediência a Deus. Por terem dado ouvidos à serpente, e não a Deus, eles perderam o reinado. Por isso, Satanás passou a ter poder, autoridade, controle, e a reinar sobre o mundo. O pecado separou o homem de Deus **(Gênesis 3:22-24)**. Com muita tristeza, Deus removeu Adão e Eva do jardim que Ele tinha feito para eles. Mas Ele prometeu que, um dia, um novo Rei viria tomar a autoridade de Satanás e livrar o homem do pecado **(Gênesis 3:14-15)**. Este Salvador nos daria a autoridade de volta, e também nos reconciliaria com Deus.

Capítulo 2:

O Pecado Nos Separa de Deus

O pecado criou um enorme abismo e barreira entre nós e Deus. Ao longo da história, pessoas têm tentado construir uma ponte sobre este abismo de várias maneiras diferentes (religião, boas obras, filosofia, moralidade, entre outros.), mas sem nenhum sucesso. Apesar de ser bastante falado que vários são os caminhos que levam a Deus, na verdade existe apenas um caminho que nos leva de volta a ter relacionamento com Deus. Jesus Cristo, o Filho de Deus, disse: **"Eu sou o caminho, a verdade e a vida. Ninguém vem ao Pai, a não ser por mim" (John 14:6).**

Por séculos, Satanás tem tentado destruir a humanidade. Ele causa pobreza, doença, dor e morte. Homem e mulher passaram a mentir, trair e roubar. Grandes guerras aconteceram, e milhares de pessoas morreram indo para o inferno, **"...para o fogo eterno, preparado para o diabo e os seus anjos" (Mateus 25:41)**, onde existe trevas e **"os súditos do Reino serão lançados para fora, nas trevas, onde haverá choro e ranger de dentes" (Mateus 8:12).**

Mesmo assim, apesar desta grande desordem, o ser humano recebeu a promessa de um Salvador que iria destruir os terríveis efeitos do pecado. Jesus disse: **"O ladrão vem apenas para furtar, matar e destruir; eu vim para que tenham vida, e a tenham plenamente" (João 10:10).**

Assim como Adão, todas as pessoas são pecadoras. **"Pois todos pecaram e estão destituídos da glória de Deus" (Romanos 3:23).** Todo mundo que passou por esse mundo desobedeceu os mandamentos de Deus **(Êxodo 20:3-17)** por mentir, roubar, odiar, falando palavras ruins, traindo, e até mesmo assassinando. Todos são separados de Deus por causa da desobediência.

O resultado do pecado humano é a separação eterna de Deus. Sabemos que se tirarmos uma planta da terra, ela morre. **"Assim é entre o homem e Deus. Se o homem é separado de Deus, então ele está sob morte eterna" (Romanos 5:12).** O preço a ser pago pelo pecado, é a morte **(Romanos 6:23).**

Capítulo 3:

Jesus Morreu Pelos Seus Pecados

A Vida de Jesus

Somente o Salvador prometido poderia derrotar Satanás e recuperar o reino. Este Salvador era o único filho de Deus. Quando o tempo exato chegou, Deus enviou seu Filho para a Terra. **"Mas, quando chegou a plenitude do tempo, Deus enviou seu Filho, nascido de mulher, nascido debaixo da lei, a fim de redimir os que estavam sob a lei, para que recebêssemos a adoção de filhos." (Gálatas 4:4 5).** Este menino foi nascido de uma virgem chamada Maria, na cidade de Belém, exatamente como os profetas haviam prometido. Maria deu ao menino o nome Jesus Cristo.

Deus deu Jesus ao mundo como um presente para demonstrar o seu amor pela humanidade. **"Porque Deus tanto amou o mundo que deu o seu Filho Unigênito, para que todo o que nele crer não pereça, mas tenha a vida eterna" (João 3:16).** Deus deu o seu melhor para nós, esperando que nós iríamos dar o nosso melhor para Ele.

Jesus era, ao mesmo tempo, Deus e homem. Ele era o Rei do Universo, mas por causa do grande amor de Deus por nós, Jesus deixou de lado seu esplendor no céu e veio para a Terra nos ensinar como reinar novamente.

Mais uma vez Deus andou e falou com o ser humano, mas desta vez

11

foi através de Jesus em carne e osso. No começo do seu ministério, Jesus disse: "**O Espírito do Senhor está sobre mim, porque ele me ungiu para pregar boas novas aos pobres. Ele me enviou para proclamar liberdade aos presos e recuperação da vista aos cegos, para libertar os oprimidos e proclamar o ano da graça do Senhor**" (Lucas 4:18-19).

Jesus veio para destruir as obras de Satanás. "**Como Deus ungiu a Jesus de Nazaré com o Espírito Santo e poder, e como ele andou por toda parte fazendo o bem e curando todos os oprimidos pelo diabo, porque Deus estava com ele**" (Atos 10:38).

Jesus curou o cego, o surdo, os leprosos, e todos os tipos de doenças (**Matheus 8-9**). Ele também ressuscitou mortos e expulsou demônios.

Jesus ensinou pessoas a como viver no reino de Deus. Ele usou muitas parábolas incríveis e histórias para comunicar verdades eternas. Seu maior ensinamento foi "**Ame o Senhor, o seu Deus de todo o seu coração, de toda a sua alma, de todo o seu entendimento e de todas as suas forças**" (**Marcos 12:30**). Ele também nos ensinou a amar ao próximo assim como amamos a nós mesmos (**Lucas 10:27**).

Jesus também pregou as Boas Novas do reino de Deus. Sua principal mensagem foi: "**Arrependam-se, pois o Reino dos céus está próximo**" (**Mateus 4:17**). Ele pediu para as pessoas se arrependerem (largarem) dos seus pecados e entrar para o reino de Deus que estava sendo entregue de volta para elas.

Jesus treinou seus discípulos para serem reis, proclamou a verdade do reino com seus sermões, ensinou princípios éticos do reino com sabedoria, e Ele demonstrou o poder do reino de Deus curando o enfermo.

Jesus morreu na cruz por você

Jesus curou muitas pessoas das suas doenças físicas, mas a principal razão pela vinda dele foi de curar um problema muito maior. Jesus disse: **"Pois o Filho do homem veio buscar e salvar o que estava perdido" (Lucas 19:10).** Jesus veio para nos dar os direitos de sermos amigos de Deus novamente. O que ele mais queria era destruir a barreira do pecado que nos proibia de andar e falar com Deus.

A única maneira que ele poderia fazer isso era morrendo por nós. Não se esqueça: o preço a ser pago pelo pecado é a morte. Jesus era perfeito porque ele nunca pecou, então ele não merecia morte. Mesmo assim, sendo completamente inocente, Jesus decidiu dar a vida dele para pagar o preço de todos os pecados de toda a humanidade. **"Logo, assim como por meio da desobediência de um só homem muitos foram feitos pecadores, assim também, por meio da obediência de um único homem muitos serão feitos justos" (Romanos 5:19).**

Alguns homens maus acusaram Jesus falsamente, e o condenaram a morte. Eles o chicotearam nas costas e colocaram em sua cabeça uma coroa de espinhos. Eles pregaram suas mãos e pés na cruz e o esperaram morrer. Jesus morreu na cruz para pagar o preço dos nossos pecados. Antes de morrer ele gritou: **"Está consumado" (João 19:30).** Isto significa que Ele completou tudo o que era necessário para a sua salvação. Alguns discípulos tiraram Jesus da cruz e o sepultaram no túmulo.

Mas Jesus não ficou no túmulo. Depois de três dias, Jesus ressuscitou da morte! **"Pois também Cristo sofreu pelos pecados uma vez por todas, o justo pelos injustos, para conduzir-nos a Deus. Ele foi morto no corpo, mas vivificado pelo Espírito" (1 Pedro 3:18).** Jesus voltou à vida e Ele está vivo até hoje. Ele subiu para o céu e está sentado na direita do Pai **(Efésios 1:20).** Neste exato momento Ele está assistindo você e esperando que você receba a salvação do seus pecados.

Capítulo 4:

Você Pode ser Salvo

"**Todo aquele que invocar o nome do Senhor será salvo**" (Romanos 10:13). Nenhum ser humano é perfeito. Todos precisam ser salvos do pecado. A Bíblia fala: "**Pois o salário do pecado é a morte, mas o dom gratuito de Deus é a vida eterna em Cristo Jesus, nosso Senhor**" (Romanos 6:23). Deus preparou o caminho para sermos salvos quando Ele enviou Seu Filho para morrer pelos nossos pecados. "**Porque Deus tanto amou o mundo que deu o seu Filho Unigênito, para que todo o que nele crer não pereça, mas tenha a vida eterna**" (João 3:16).

Deus é santo, e pecado não pode entrar na Sua presença. Antes de entrarmos no Seu reino precisamos ser lavados de todos os nossos pecados. Jesus falou: "**Em verdade vos digo que, se não vos converterdes e não vos fizerdes como crianças, de modo algum entrareis no Reino dos céus**" (Mateus 18:3). Nós temos que deixar a vida de pecados para trás e viver com Deus. Assim como as crianças são muito confiantes, também devemos confiar em Deus. Ele demonstrou Seu amor por nós enviando Jesus mesmo sem que merecêssemos. "**Mas Deus demonstra seu amor por nós: Cristo morreu em nosso favor quando ainda éramos pecadores**" (Romanos 5:8).

Jesus é o único caminho que nos leva a Deus. A Bíblia fala: "**Pois há um só Deus e um só mediador entre Deus e os homens: o ho-**

15

mem Cristo Jesus, o qual se entregou a si mesmo como resgate por todos. Esse foi o testemunho dado em seu próprio tempo" **(1 Timóteo 2:5-6).** Nada que o homem faça pode fazê-lo salvar a si mesmo. É impossível nos salvarmos pelas nossas próprias obras. Podemos ser salvos somente através da nossa fé em Jesus Cristo e da graça de Deus. **"Pois vocês são salvos pela graça, por meio da fé, e isto não vem de vocês, é dom de Deus; não por obras, para que ninguém se glorie" (Efésios 2:8-9).** Salvação é um presente gratuito de Deus. Quando você recebe um presente, você não precisa implorar ou pagar por ele, você simplesmente recebe.

Qualquer um que aceita Jesus como Senhor, será salvo. Jesus disse: **"Eu sou a porta; quem entra por mim será salvo. Entrará e sairá, e encontrará pastagem" (João 10:9).** Jesus disse: **"Eis que estou à porta e bato. Se alguém ouvir a minha voz e abrir a porta, entrarei e cearei com ele, e ele comigo" (Apocalipse 3:20).** Você pode ter relacionamento com Deus simplesmente abrindo as portas do seu coração para Jesus. No momento em que você aceita o Seu chamado, você será salvo dos seu pecado.

"Nascer de novo" é a mesma coisa que ser "salvo". Um dos líderes religiosos dos Judeus, chamado Nicodemos, veio a Jesus uma noite. Jesus disse pra ele: **"Eis que estou à porta e bato. Se alguém ouvir a minha voz e abrir a porta, entrarei e cearei com ele, e ele comigo" (João 3:3).** Nicodemos ficou confuso e perguntou: "Como pode um homem nascer de novo? Ele entra de novo no ventre de sua mãe?" Jesus explicou que espírito do homem que deve nascer de novo. Nosso Espírito está morto por causa do pecado, mas através de Jesus nosso Espírito retorna à vida.

É necessário um milagre para se transformar algo velho em novo. Se um carro está quebrado, um mecânico pode arrumá-lo, ou se uma peça de roupa está rasgada, uma costureira pode costurá-la, mas somente Deus pode fazer nova uma pessoa que antes estava no fundo do poço. Você pode ter um novo começo com Deus.

Quando você nasce de novo, você se torna uma criatura novinha em folha. **"Portanto, se alguém está em Cristo, é nova criação. As coisas antigas já passaram; eis que surgiram coisas novas!" (2 Coríntios 5:17).** Todos os mais sujos pecados do seu passado são lavados e você se torna limpo aos olhos de Deus. Você se torna um filho de Deus. **"Contudo, aos que o receberam, aos que creram em seu nome, deu-lhes o direito de se tornarem filhos de Deus" (João 1:12).**

É a fé na Palavra de Deus que nos garante a salvação. **"Pois vocês foram regenerados, não de uma semente perecível, mas imperecível, por meio da palavra de Deus, viva e permanente" (1 Pedro 1:23).** É a nossa fé nas promessas de Deus que nos dá vitória sobre o pecado do mundo. **"Todo aquele que crê que Jesus é o Cristo é nascido de Deus, ... O que é nascido de Deus vence o mundo; e esta é a vitória que vence o mundo: a nossa fé" (1 João 5:1,4).**

Você pode ter certeza que é salvo. **"E este é o testemunho: Deus nos deu a vida eterna, e essa vida está em seu Filho. Quem tem o Filho, tem a vida; quem não tem o Filho de Deus, não tem a vida. Escrevi-lhes estas coisas, a vocês que crêem no nome do Filho de Deus, para que vocês saibam que têm a vida eterna" (1 João 5:11-13).** Se você cumpre completamente as condições de salvação dada na Palavra de Deus (Bíblia), você pode estar certo que é salvo. **"Aquele que os chama é fiel e fará isso" (1 Tessalonicenses 5:24).** Você deve basear sua crença na Palavra de Deus, não nas suas emoções, circunstâncias, igreja, ou direitos morais.

A Bíblia promete: **"Se confessarmos os nossos pecados, ele é fiel e justo para perdoar os nossos pecados e nos purificar de toda injustiça" (1 João 1:9).** Para ser salvo, tudo o que você precisa fazer é confessar seus pecados para Deus e confessar que Jesus é Senhor. Você também deve acreditar, em seu coração, que Deus ressuscitou Jesus da morte. **"Se você confessar com a sua boca que Jesus é Senhor e crer em seu coração que Deus o ressuscitou dentre os mortos, será salvo. Pois com o coração se crê para justiça, e com a boca se confessa para salvação" (Romanos 10:9-10).** Se você fizer isso, você será salvo.

Se você quer ser salvo, ore esta oração:

"Senhor Deus, Pai, Eu venho a ti em nome de Jesus. Eu quero viver contigo no teu reino. Eu peço perdão pelos meus pecados. Eu acredito que Jesus morreu numa cruz para pagar os meus pecados. Eu acredito que Jesus ressucitou dos mortos, e neste exato momento eu te convido para ser Senhor e Salvador da minha vida."

Parabéns! Agora Cristo vive dentro de você **(Colossenses 1:27)**. Jesus está andando contigo, a partir de agora. **"Deus mesmo disse: 'Nunca o deixarei, nunca o abandonarei'" (Hebreus 13:5)**. Quando você passar por problemas, Jesus estará lá para te ajudar.

Agora que você é um Cristão (seguidor de Cristo), você é parte do reino de Deus para sempre. Deus **"... nos resgatou do domínio das trevas e nos transportou para o Reino do seu Filho amado, em quem temos a redenção a saber, o perdão dos pecados"** (Colossenses 1:13 -14). Neste exato momento, Jesus está preparando um lugar majestoso para você, no céu. **"Na casa de meu Pai há muitos aposentos; se não fosse assim, eu lhes teria dito. Vou preparar-lhes lugar. E se eu for e lhes preparar lugar, voltarei e os levarei para mim, para que vocês estejam onde eu estiver"** (João 14:2-3)

18

Capítulo 5:

Você Pode ser Curado

Um dos benefícios de fazer parte do reino de Deus é a cura supernatural. Não é da vontade de Deus que você fique doente. Você pode viver em saúde divina. Deus prometeu: **"Pois eu sou o Senhor que os cura'"** (Êxodo 15:26). Ele é o Deus **"que perdoa todos os seus pecados e cura todas as suas doenças"** (Salmos 103:3). Sua Palavra diz: **"Amado, oro para que você tenha boa saúde e tudo corra bem, assim como vai bem a sua alma"** (3 João 1:2).

Uma vez que somos salvos, somos libertos do pecado e todas as más consequências do pecado. Doença é uma consequência do pecado de Adão e Eva no jardim. Mas Jesus morreu na cruz para destruir completamente toda obra do pecado. Como o profeta Isaías profetizou: **"Certamente ele tomou sobre si as nossas enfermidades e sobre si levou as nossas doenças; contudo nós o consideramos castigado por Deus, por Deus atingido e afligido. Mas ele foi trespassado por causa das nossas transgressões, foi esmagado por causa de nossas iniquidades; o castigo que nos trouxe paz estava sobre ele, e pelas suas feridas fomos curados. Todos nós, como ovelhas, nos desviamos, cada um de nós se voltou para o seu próprio caminho; e o Senhor fez cair sobre ele a iniquidade de todos nós."** (Isaías 53:4-6).

Cura é parte do que Jesus nos garantiu na cruz. Jesus foi espancado com um chicote, e pelas suas feridas nos somos sarados. **"...por suas feridas vocês foram curados" (1 Pedro 2:24).** Jesus levou nossas dores para que não precisássemos sofrer de dor. Jesus já fez tudo o que é necessário para a sua cura. Tudo o que você precisa fazer é aceitar.

Quando Jesus andou na Terra, ele curou muitos enfermos. **"Ao anoitecer foram trazidos a ele muitos endemoninhados, e ele expulsou os espíritos com uma palavra e curou todos os doentes. E assim se cumpriu o que fora dito pelo profeta Isaías: "Ele tomou sobre si as nossas enfermidades e sobre si levou as nossas doenças" (Mateus 8:16-17).**

Um dia, um líder religioso chamado Jairo caiu aos pés de Jesus e implorou que Jesus fosse em sua casa. Jairo disse: "Minha filhinha está morrendo. Por favor, venha e coloque suas mãos sobre ela para que ela seja curada e viva". Jairo amava muito sua filha, e tinha fé que Jesus podia curá-la.

Assim que Jesus começou a andar em direção à casa de Jairo, uma grande multidão o espremia. Existia uma mulher na multidão que estava sangrando por doze anos. Ela estava desesperada porque já havia gastado todo o seu dinheiro com médicos, mas nenhum pôde curá-la. A última esperança desta mulher era Jesus.

Ela pensou: "Se eu apenas tocar as roupas dele, serei curada". Então ela foi empurrando a multidão até chegar perto de Jesus, e quando ela chegou perto dele, ela O tocou. Imediatamente seu sangramento parou e ela estava completamente curada!

Jesus sentiu que um poder de cura havia saído de seu corpo, então perguntou: "Quem me tocou?" Seus discípulos estranharam, afinal havia tanta gente ao redor de Jesus. Mas Jesus fez esta pergunta porque alguém havia o tocado com fé. A mulher que foi curada o respondeu e confessou que O havia tocado. Jesus disse à ela: "Filha, tua fé te curou. Vá em paz e sê livre do seu sofrimento."

Ao mesmo tempo, alguns homens vieram da casa de Jairo e disseram a ele, "Sua filha está morta. Jesus não pode fazer mais nada por ela." Jesus ouviu o que eles disseram e disse a Jairo: "Não temas, apenas creia."

Quando Jesus chegou na casa de Jairo, Ele perguntou porque todos ali choravam. Ele disse a eles: "A menina não está morta, mas sim dormindo", mas eles riram de Jesus porque eles sabiam que a menina já estava morta. Jesus pediu que eles saíssem, e pegando a mãe e o pai, os levou ao quarto onde a menina estava. Ele pegou a menina pela mão e comandou: "Menina, levante!" Imediatamente a menina de doze anos levantou e começou a andar. Todos ficaram encantados com o poder miraculoso de Jesus.

"Jesus Cristo é o mesmo, ontem, hoje e para sempre." (Hebreus 13:8). Se Jesus curou pessoas 2 mil anos atrás, ele irá te curar hoje. Assim como a mulher com o fluxo de sangue que tocou Jesus com sua fé, você precisa tocar Jesus com sua fé.

Você pode ser curado pedindo aos líderes da sua igreja para orarem por você. **"Entre vocês há alguém que está doente? Que ele mande chamar os presbíteros da igreja, para que estes orem sobre ele e o unjam com óleo, em nome do Senhor. A oração feita com fé curará o doente; o Senhor o levantará. E, se houver cometido pecados, ele será perdoado. Portanto, confessem os seus pecados uns aos outros e orem uns pelos outros para serem curados. A oração de um justo é poderosa e eficaz" (Tiago 5:14 -16).**

Capítulo 6:

Você pode ter fé em Deus

Assim como o Real é a moeda brasileira, fé é a "moeda" do reino de Deus. **"Respondeu Jesus: 'Tenham fé em Deus. Eu lhes asseguro que se alguém disser a este monte: 'Levante-se e atire-se no mar', e não duvidar em seu coração, mas crer que acontecerá o que diz, assim lhe será feito. Portanto, eu lhes digo: tudo o que vocês pedirem em oração, creiam que já o receberam, e assim lhes sucederá'" (Marcos 11:22-24).** De acordo com este verso, você pode ter qualquer coisa que você pedir em oração, se você pedir com fé.

O que é fé? Fé é confiar em Deus quando não existe mais ninguém em quem confiar. Fé é se apoiar em Deus no meio do furacão. Fé é ter confiança nas promessas de Deus. Fé é ver o invisível e acreditar no impossível. Fé é ter a convicção de que, não importa o que as circunstâncias aparentam ser, Deus vai cumprir sua Palavra. Fé é saber, sem sombra de dúvidas, que Deus irá cuidar de você. Fé é acreditar mais em Deus do que em seus problemas.

"Ora, a fé é a certeza daquilo que esperamos e a prova das coisas que não vemos" (Hebreus 11:1). Recentemente eu comprei uma passagem de avião. Quando eu comprei a passagem eu não pedi pra ver o avião. Eu tive fé que o avião estaria me esperando na hora da viagem. A passagem representa a promessa da companhia aérea. Fé é como esta passagem: É a substância que garante que as promessas de Deus acontecerão.

Nós **"vivemos por fé, e não pelo que vemos" (2 Coríntios 5:7)**. Fé é como um documento de compra de uma casa que você nunca viu. Uma vez que o documento da casa pertence a você, a casa também pertence a você. Você pode dizer com toda a certeza "Essa terra é minha" mesmo que você nunca tenha visto a terra, mas como você tem o documento de compra, isso te assegura.

De onde vem a fé? Jesus é o autor e consumador da nossa fé **(Hebreus 12:2)**. Jesus é a fonte da fé. Ele é o objeto da nossa fé, e Ele é a garantia da nossa fé. O apostolo Paulo escreveu: **"Conseqüentemente, a fé vem por ouvir a mensagem, e a mensagem é ouvida mediante a palavra de Cristo" (Romanos 10:17)**. Fé é projetada quando ouvimos a Palavra de Deus. Todos nós temos uma medida de fé que nos foi dada por Deus **(Romanos 12:3)**, mas quanto mais nós escutamos a palavra de Deus, mais nossa fé cresce.

Sem dúvida alguma, nos precisamos de fé. A Bíblia, repetidamente, fala sobre isso em um simples verso: **"O justo viverá da fé" (Habacuque 2:4; Romanos 1:17; Gálatas 3:11; Hebreus 10:38)**. Aqueles que estão justos diante de Deus devem viver da fé. Você irá reinar no céu, ou apodrecer no inferno, de acordo com o tamanho da sua fé em Deus. Porque **"Sem fé é impossível agradar a Deus, pois quem dele se aproxima precisa crer que ele existe e que recompensa aqueles que o buscam" (Hebreus 11:6)**.

Deus sempre responde à fé. Jesus não responde às pessoas, mas sim à fé das pessoas. O Centurião disse a Jesus: **"Mas dize apenas uma palavra, e o meu servo será curado. Então Jesus disse ao centurião: "Vá! Como você creu, assim lhe acontecerá! "Na mesma hora o seu servo foi curado" (Mateus 8:5-13)**. Do mesmo jeito que Jesus respondeu a este homem que estava desesperado, o poder de Deus irá te encontrar onde está a sua fé. Deus moverá céus e terra por causa da tua fé.

Se você não exercitar sua fé, sua fé não funcionará. Fé é igual ao músculo, quanto mais você usa, mais cresce. Fé não é fé até que você faça algo com ela. **"Não são eles que difamam o bom nome que sobre vocês foi invocado?" (Tiago 2:17).** A fé sem obras é morta. Fé sem obras não é verdadeiramente fé. Quando os quatro amigos desceram o amigo pelo telhado, Lucas diz que Jesus **"viu a fé deles."** Em outras palavras, Jesus viu uma atitude que demonstrou a fé deles. Eles agiram em fé, e Jesus percebeu isso **(Lucas 5:17-26).**

É fundamental que tomemos atitude em fé. Você pode colocar ação à sua fé simplesmente movimentando seu corpo de uma maneira que você não podia fazer antes. Se você tem um braço paralítico, tente movimentá-lo. Se você não pode andar, levante e comece a andar. Se você tem um câncer no seu corpo, coloque sua mão na região e comece a orar. Aja com fé neste exato momento andando de encontro a Jesus.

Capítulo 7:
Você pode ser cheio do Espírito Santo

O Espírito Santo é o terceiro membro do que os teólogos chamam de "Trindade", que é composta por Deus Pai, Deus Filho (Jesus Cristo), e pelo Espírito Santo. Eles têm personalidades diferentes, mas ainda assim são um só Deus. O Espírito tem sido um membro essencial para a composição de Deus, desde antes mesmo da criação. **"Era a terra sem forma e vazia; trevas cobriam a face do abismo, e o Espírito de Deus se movia sobre a face das águas" (Gênesis 1:2).** Neste exato momento, a principal maneira que Deus se relaciona com os humanos na Terra, é através do Espírito Santo.

Jesus esteve na Terra por trinta e três anos, mas desde que Ele voltou para o céu, o Espírito Santo se tornou o representante de Deus para os humanos. João Batista profetizou a vinda do Espírito quando disse: **"Eu os batizo com água para arrependimento. Mas depois de mim vem alguém mais poderoso do que eu, tanto que não sou digno nem de levar as suas sandálias. Ele os batizará com o Espírito Santo e com fogo" (Matheus 3:11).**

Jesus prometeu aos seus discípulos que Ele mandaria o Espírito Santo para estar com eles. **"E eu pedirei ao Pai, e ele lhes dará outro Conselheiro para estar com vocês para sempre, o Espírito da verdade. O mundo não pode recebê-lo, porque não o vê nem o conhece. Mas vocês o conhecem, pois ele vive com vocês e estará** em vocês" (João 14:16-17). Como você pode ver neste versículo, o Espírito Santo vive conosco e dentro de nós.

O Espírito é a fonte de água viva para aqueles que têm sede espiritual. Jesus disse: "No último e mais importante dia da festa, Jesus levantou-se e disse em alta voz: **"Se alguém tem sede, venha a mim e beba. Quem crer em mim, como diz a Escritura, do seu interior fluirão rios de água viva".** Ele estava se referindo ao Espírito, que mais tarde receberiam os que nele cressem. Até então o Espírito ainda não tinha sido dado, pois Jesus ainda não fora glorificado"(João 7:37-39)

Depois que Jesus ressuscitou, ele mandou os discípulos esperarem em Jerusalém até a vinda do Espírito Santo. **"Certa ocasião, enquanto comia com eles, deu-lhes esta ordem: 'Não saiam de Jerusalém, mas esperem pela promessa de meu Pai, da qual lhes falei. Pois João batizou com água, mas dentro de poucos dias vocês serão batizados com o Espírito Santo'"** (Atos 1:4-5) e mais uma vez Jesus disse: **"Eu lhes envio a promessa de meu Pai; mas fiquem na cidade até serem revestidos do poder do alto"** (Lucas 24:49).

Cento e vinte discípulos se reuniram no cenáculo, no andar de cima, para orar pela vinda do Espírito Santo. **"Chegando o dia de Pentecoste, estavam todos reunidos num só lugar. De repente veio do céu um som, como de um vento muito forte, e encheu toda a casa na qual estavam assentados. E viram o que parecia línguas de fogo, que se separaram e pousaram sobre cada um deles. Todos ficaram cheios do Espírito Santo e começaram a falar noutras línguas, conforme o Espírito os capacitava"** (Atos 2:1-4)

Este poderoso derramamento do Espírito Santo cumpriu a profecia de Joel: **"E, depois disso, derramarei do meu Espírito sobre todos os povos. Os seus filhos e as suas filhas profetizarão, os velhos terão sonhos, os jovens terão visões. Até sobre os servos e as servas derramarei do meu Espírito naqueles dias"** (Joel 2:28-29). O dom do Espírito estava sobre toda a carne. Velhos e jovens, homens e mulheres, pais e filhos... Todos foram cheios do Espírito

Santo naquele dia.

Imediatamente, Pedro começou a pregar e mais de 3.000 pessoas foram salvas naquele dia **(Atos 2:41)**. O Espírito de Deus se manifestou tão maravilhosamente que rapidamente a igreja do Senhor atingiu um número de 5.000 pessoas salvas **(Atos 4:4)**. Depois disso, a cada dia, mais e mais pessoas se juntaram à Igreja **(Atos 2:47)**.

O que o Espírito Santo faz?

O Espírito Santo é o nosso consolador, nosso ajudador na hora da angustia, nosso professor, nosso advogado com o Pai, nosso conselheiro, e nosso amigo. Aqui estão algumas funções que o Espírito Santo opera em nosso favor:

1.Ninguém pode ser salvo se não através do mover do Espírito Santo. **"Por isso, eu afirmo que ninguém que fala pelo Espírito de Deus diz: "Jesus seja amaldiçoado"; e ninguém pode dizer: "Jesus é Senhor", a não ser pelo Espírito Santo."** (1 Coríntios 12:3). É através do mover do Espírito Santo que nós somos salvos. **"não por causa de atos de justiça por nós praticados, mas devido à sua misericórdia, ele nos salvou pelo lavar regenerador e renovador do Espírito Santo"** (Tito 3:5). O Espírito Santo é quem nos dá a segurança da nossa salvação. **"O próprio Espírito testemunha ao nosso espírito que somos filhos de Deus"** (Romanos 8:16).

2. O Espírito Santo nos dá ousadia para falar de Deus para os outros. **"Mas receberão poder quando o Espírito Santo descer sobre vocês, e serão minhas testemunhas em Jerusalém, em toda a Judéia e Samaria, e até os confins da terra"** (Atos 1:8).

3. O Espírito Santo testifica aos nossos corações quem Jesus é. **"Quando vier o Conselheiro, que eu enviarei a vocês da parte do Pai, o Espírito da verdade que provém do Pai, ele testemunhará a meu respeito"** (João 15:26).

4. O Espírito Santo guia os crentes (aqueles que creem ou acreditam)

à verdade. Nosso padrão primário da verdade é a Palavra de Deus, mas é o Espírito quem revela a verdade da Palavra de Deus aos nossos corações. É o Espírito Santo que nos leva para as Escrituras que melhor falam nos ajudam na hora que mais precisamos. **"Mas quando o Espírito da verdade vier, ele os guiará a toda a verdade. Não falará de si mesmo; falará apenas o que ouvir, e lhes anunciará o que está por vir. Ele me glorificará, porque receberá do que é meu e o tornará conhecido a vocês"** (João 16:13-14).

5. É o Espírito Santo que nos dá os dons sobrenaturais. **"A cada um, porém, é dada a manifestação do Espírito, visando ao bem comum. Pelo Espírito, a um é dada a palavra de sabedoria; a outro, pelo mesmo Espírito, a palavra de conhecimento; a outro, fé, pelo mesmo Espírito; a outro, dons de curar, pelo único Espírito; a outro, poder para operar milagres; a outro, profecia; a outro, discernimento de espíritos; a outro, variedade de línguas; e ainda a outro, interpretação de línguas. Todas essas coisas, porém, são realizadas pelo mesmo e único Espírito, e ele as distribui individualmente, a cada um, como quer"** (1 Coríntios 12:7 -11).

O Espírito Santo nos dá uma variedade de dons para a edificação dos santos. Claro que ninguém sozinho opera em todos os dons. O Espírito permite que os dons se manifestem de acordo com a necessidade que o Corpo de Cristo (Igreja) precisa. **"Assim também em Cristo nós, que somos muitos, formamos um corpo, e cada membro está ligado a todos os outros. Temos diferentes dons, de acordo com a graça que nos foi dada. Se alguém tem o dom de profetizar, use-o na proporção da sua fé. Se o seu dom é servir, sirva; se é ensinar, ensine; se é dar ânimo, que assim faça; se é contribuir, que contribua generosamente; se é exercer liderança, que a exerça com zelo; se é mostrar misericórdia, que o faça com alegria"** (Romanos 12:5-8). É importante que cada membro do corpo esteja disposto a ser usado e ao mesmo tempo permita que o Espírito Santo aja na hora certa **(1 Coríntios 14:32)**. Lembre-se, tudo na Igreja deve ser feito **"decentemente e em ordem"** (1 Coríntios 14:40).

Seja cheio do Espírito Santo

É da vontade de Deus que todos os Cristãos (inclusive você) seja cheio do Espírito Santo. **"Portanto, não sejam insensatos, mas procurem compreender qual é a vontade do Senhor. Não se embriaguem com vinho, que leva à libertinagem, mas deixem-se encher pelo Espírito" (Efésios 5:17-18).** Isso significa que é da vontade de Deus que você seja cheio do Espírito Santo.

Você pode pedir, sem dúvida alguma, a Deus para te encher com o Espírito Santo. Saiba que Ele quer que você tenha o dom do Espírito. **"Esta é a confiança que temos ao nos aproximarmos de Deus: se pedirmos alguma coisa de acordo com a sua vontade, ele nos ouve. E se sabemos que ele nos ouve em tudo o que pedimos, sabemos que temos o que dele pedimos" (1 João 5:14-15).**

Você não precisa implorar pelo Espírito Santo, mas você precisa ser bem específico no pedido. **"Por isso lhes digo: Peçam, e lhes será dado; busquem, e encontrarão; batam, e a porta lhes será aberta. Pois todo o que pede, recebe; o que busca, encontra; e àquele que bate, a porta será aberta. "Qual pai, entre vocês, se o filho lhe pedir um peixe, em lugar disso lhe dará uma cobra? Ou se pedir um ovo, lhe dará um escorpião? Se vocês, apesar de serem maus, sabem dar boas coisas aos seus filhos, quanto mais o Pai que está no céu dará o Espírito Santo a quem o pedir!" (Lucas 11:9-13).** O Espírito Santo é respeitador. Ele não irá invadir um espaço que pertence a você. Ele somente entrará na sua vida se você convidá-lo.

Como você pode saber se alguém é cheio do Espírito Santo de Deus? Jesus disse: **"Assim, pelos seus frutos vocês os reconhecerão! (Mateus 7:20).** Qual o fruto do Espírito? **"Mas o fruto do Espírito é amor, alegria, paz, paciência, amabilidade, bondade, fidelidade, mansidão e domínio próprio. Contra essas coisas não há lei." (Gálatas 5:22-23).** Eu acredito que quando você encontra alguém que tem todas estas características, você encontrou alguém cheio do Espírito Santo de Deus.

Você pode orar em uma língua espiritual.

O Espírito está constantemente orando a Deus em seu favor em uma língua que apenas Deus entende. Você pode orar em línguas simplesmente abrindo a boca e permitindo o Espírito a falar usando suas cordas vocais. Jesus prometeu: **"Estes sinais acompanharão os que crerem: em meu nome expulsarão demônios; falarão novas línguas" (Marcos 16:17).**

Isaías profetizou que esta nova língua traria refrigério aos cansados. "Pois bem, com lábios trôpegos e língua estranha Deus falará a este povo, ao qual dissera: **"Este é o lugar de descanso. Deixem descansar o exausto. Este é o lugar de repouso!"** Mas eles não quiseram ouvir" (Isaías 28:11-12). Esta nova língua é como **"uma fonte de água a jorrar para a vida eterna" (João 4:14).**

No dia de Pentecostes, cento e vinte discípulos começaram a falar em línguas quando foram cheios do Espírito Santo **(Atos 2:4).** Cornélio e toda sua casa falou em línguas quando o Espírito Santo veio sobre eles **(Atos 10:44-48).** Quando Paulo impôs as mãos sobre os crentes de Efésios **"veio sobre eles o Espírito Santo, e começaram a falar em línguas e a profetizar" (Atos 19:6).**

Paulo foi verdadeiramente cheio do Espírito Santo quando Ananias impôs as mãos sobre ele **(Atos 9:17).** Mais tarde, ele escreveu para a igreja de Coríntios **"Dou graças a Deus por falar em línguas mais do que todos vocês" (1 Coríntios 14:18).** Paulo escreveu que orar no Espírito edifica (engrandece) o crente **(1 Coríntios 14:4).** Paulo, especificamente, disse à igreja de Coríntios: **"Portanto, meus irmãos, busquem com dedicação o profetizar e não proíbam o falar em línguas" (1 Coríntios 14:39).** Quando você faz exercícios, você fortalece seus músculos. O mesmo acontece com o Espírito quando você ora em línguas. Judas nos disse: **"Edifiquem-se, porém, amados, na santíssima fé que vocês têm, orando no Espírito Santo." (Judas 1:20).**

Capítulo 8:
Você Pode Viver
Em Abundância

Deus tem um plano magnífico para sua vida. Você não nasceu por acaso ou por acidente. Deus pensou em você antes mesmo do mundo existir (**Efésios 1:4**). **"Porque sou eu que conheço os planos que tenho para vocês', diz o Senhor, 'planos de fazê-los prosperar e não de causar dano, planos de dar a vocês esperança e um futuro" (Jeremias 29:11)**. Você não consegue nem imaginar o tanto de bênçãos que o Senhor tem reservado para aqueles que amam a Ele. **"Todavia, como está escrito: "Olho nenhum viu, ouvido nenhum ouviu, mente nenhuma imaginou o que Deus preparou para aqueles que o amam" (1Coríntias 2:9)**.

Você não precisa viver com medo. Nenhuma dificuldade que você esta passando é maior que Deus ou Seu poder. **"Não fui eu que ordenei a você? Seja forte e corajoso! Não se apavore nem desanime, pois o Senhor, o seu Deus, estará com você por onde você andar" (Josué 1:9)**. Confiar em Deus irá destruir seus medos, **"Pois Deus não nos deu espírito de covardia, mas de poder, de amor e de equilíbrio." (2 Timóteo 1:7)**.

Você não precisa se preocupar. **"Com suas próprias vidas, quanto ao que comer ou beber; nem com seus próprios corpos, quanto ao que vestir. Não é a vida mais importante do que a comida, e o corpo mais importante do que a roupa?... Busquem, pois, em primeiro lugar o Reino de Deus e a sua justiça, e todas essas coisas** lhes serão acrescentadas." (Mateus 6:25,33). Conforme você confia no Deus Pai, Ele irá prover para você todas as suas necessidades para viver.

Você pode viver uma vida de vitórias sobre pecado, medo, doença, pobreza, e todos os males do Satanás. **"O que é nascido de Deus vence o mundo; e esta é a vitória que vence o mundo: a nossa fé. Quem é que vence o mundo? Somente aquele que crê que Jesus é o Filho de Deus" (1 João 5:4-5).** A vitória que Jesus conquistou na cruz pertence a todos os que nele creem. Vitória sobre as circunstâncias da vida é um presente de Deus para você. **"Mas graças a Deus, que nos dá a vitória por meio de nosso Senhor Jesus Cristo" (1 Coríntios 15:57).**

Você foi criado para ser mais que vencedor sobre problemas, obstáculos e inimigos. **"Mas, em todas estas coisas somos mais que vencedores, por meio daquele que nos amou" (Romanos 8:37).** Não é pelas suas próprias forças ou habilidade que você vence, mas pelo poder de Jesus dentro de você. Como Paulo disse: **"Tudo posso naquele que me fortalece" (Filipenses 4:13).** O reino de Deus dentro de você é infinitamente mais poderoso que o reino das trevas que está ao seu redor. **"Filhinhos, vocês são de Deus e os venceram, porque aquele que está em vocês é maior do que aquele que está no mundo" (1 João 4:4).**

Deus te deu armas poderosas para derrotar o inimigo. **"Por isso, vistam toda a armadura de Deus, para que possam resistir no dia mau e permanecer inabaláveis, depois de terem feito tudo. Assim, mantenham-se firmes, cingindo-se com o cinto da verdade, vestindo a couraça da justiça e tendo os pés calçados com a prontidão do evangelho da paz. Além disso, usem o escudo da fé, com o qual vocês poderão apagar todas as setas inflamadas do Maligno. Usem o capacete da salvação e a espada do Espírito, que é a palavra de Deus. Orem no Espírito em todas as ocasiões, com toda oração e súplica; tendo isso em mente, estejam atentos e perseverem na oração por todos os santos." (Efésios 6:13-18).** Estas armas te dão a habilidade de se defender de todas os planos do maligno. **"As armas com as quais lutamos não são humanas; pelo contrário, são poderosas em Deus para destruir fortalezas.** Destruímos argumentos e toda pretensão que se levanta contra o conhecimento de Deus, e levamos cativo todo pensamento, para torná-lo obediente a Cristo" (2 Coríntios 10:4-5).

Jesus veio para que pudéssemos ter vida em abundância. **"O ladrão vem apenas para furtar, matar e destruir; eu vim para que tenham vida, e a tenham plenamente" (João 10:10).** Você pode viver uma vida em abundância espiritual, mental, física, emocional, e financeira. Deus quer te abençoar na sua casa, na sua família, em seus relacionamentos, no seu trabalho, e nos seus estudos. A vontade de Deus para a sua vida é que você tenha abundância em todas as áreas da sua vida. **"Amado, oro para que você tenha boa saúde e tudo corra bem, assim como vai bem a sua alma" (3 João 1:2).**

Deus te dará livremente todas as coisas boas. **"Aquele que não poupou a seu próprio Filho, mas o entregou por todos nós, como não nos dará juntamente com ele, e de graça, todas as coisas?" (Romanos 8:32).**

Quando você se torna membro do reino de Deus, todas as bênçãos do céu passa a pertencer a você. Você pode ter paz, alegria, prosperidade, esperança, saúde e abundância. **"Bendito seja o Deus e Pai de nosso Senhor Jesus Cristo, que nos abençoou com todas as bênçãos espirituais nas regiões celestiais em Cristo" (Efésios 1:3).**

A principal motivação em receber de Deus deve ser para poder dar aos outros. Deus quer te abençoar com mais que o suficiente, assim você pode abençoar aqueles ao seu redor que estão em necessidade. Deus te abençoa para que você possa ser uma bênção **(Gênesis 12:2)** e então você possa viver **"... frutificando em toda boa obra..." (Colossenses 1:10).**

Capítulo 9:

A Vida No Reino de Deus

Agora que você é um Cristão, aqui estão algumas dicas que vão te ajudar a crescer em intimidade com Deus e vão te ensinar como reinar na vida. Saiba que **"Estou convencido de que aquele que começou boa obra em vocês, vai completá-la até o dia de Cristo Jesus" (Filipenses 1:6).**

1. Leia a Bíblia

A Bíblia é A Palavra de Deus para a sua vida. Da mesma forma que o corpo físico precisa da sustância que vêm da comida, sua vida espiritual precisa da sustância que vem da Palavra de Deus. Através da Bíblia, Deus fala ao seu coração e revela os planos que Ele tem para sua nova vida. Conforme você estuda as Escrituras, você cresce em sua caminhada Cristã. **"Toda a Escritura é inspirada por Deus e útil para o ensino, para a repreensão, para a correção e para a instrução na justiça, para que o homem de Deus seja apto e plenamente preparado para toda boa obra" (2 Timóteo 3:16-17).**

A Bíblia é a carta de amor de Deus para você. Neste livro há as regras de Deus, há histórias de como Deus se relaciona com os humanos, salmos e provérbios maravilhosos, avisos proféticos e encorajamentos, a vida de Jesus, a explicação da doutrina Cristã, e uma revelação do futuro quando Jesus voltar como rei. É um livro vivo e poderoso. **"Pois a palavra de Deus é viva e eficaz, e mais afiada que qualquer**

37

espada de dois gumes; ela penetra até o ponto de dividir alma e espírito, juntas e medulas, e julga os pensamentos e as intenções do coração" (Hebreus 4:12).

A verdade sobre a Palavra de Deus é eterna. **"A relva murcha, e as flores caem, mas a palavra de nosso Deus permanece para sempre" (Isaías 40:8).**

Conforme você lê A Palavra de Deus, você vai vencer o pecado. **"Como pode o jovem manter pura a sua conduta? Vivendo de acordo com a tua palavra... Guardei no coração a tua palavra para não pecar contra ti" (Salmos 119:9,11).**

Eu te encorajo a ler pelo menos um capitulo da Bíblia todos os dias. O melhor livro para você começar lendo é o evangelho de João. Este livro te ensinará, de uma maneira simples e ponderosa, sobre a vida de Jesus.

2. Memorize as Escrituras

Você encontrará um enorme conforto, encorajamento e ajuda nos momentos mais difíceis, se você memorizar versos da Bíblia. A Palavra diz: **"Não deixe de falar as palavras deste Livro da Lei e de meditar nelas de dia e de noite, para que você cumpra fielmente tudo o que nele está escrito. Só então os seus caminhos prosperarão e você será bem-sucedido" (Josué 1:8).** Aqui estão alguns versos muito bons para você começar a memorizar nesta próxima semana:

Dia 1: João 3:16
"Porque Deus tanto amou o mundo que deu o seu Filho Unigênito, para que todo o que nele crer não pereça, mas tenha a vida eterna."

Dia 2: 1 João 1:9
"Se confessarmos os nossos pecados, ele é fiel e justo para perdoar os nossos pecados e nos purificar de toda injustiça."

Dia 3: Tiago 4:7
"Portanto, submetam-se a Deus. Resistam ao Diabo, e ele fugirá de vocês."

Dia 4: Atos 1:8
"Mas receberão poder quando o Espírito Santo descer sobre vocês, e serão minhas testemunhas em Jerusalém, em toda a Judéia e Samaria, e até os confins da terra."

Dia 5: João 14:21
"Quem tem os meus mandamentos e lhes obedece, esse é o que me ama. Aquele que me ama será amado por meu Pai, e eu também o amarei e me revelarei a ele."

Dia 6: 1 João 5:14-15
"Esta é a confiança que temos ao nos aproximarmos de Deus: se pedirmos alguma coisa de acordo com a sua vontade, ele nos ouve. E se sabemos que ele nos ouve em tudo o que pedimos, sabemos que temos o que dele pedimos."

Dia 7: Marcos 11:24
"Portanto, eu lhes digo: tudo o que vocês pedirem em oração, creiam que já o receberam, e assim lhes sucederá."

Você achou difícil memorizar versos da Bíblia? Aqui estão algumas dicas que irão te ajudar:

1. Leia em voz alta. De acordo com **Romanos 10:17, "fé vem pelo ouvir".** Conforme você repete os versos, você vai escutando e isso irá fortalecer sua f'é.

2. Fale uma frase de cada vez. Se você acha que o versículos é muito longo para memorizar, repitais frase de cada vez até você ter memorizado todo o versículo.

3. Fale o versículo inúmeras vezes. **Josué 1:8** nos orienta a meditar nas Escrituras. A palavra "meditação" significa "mastigar". Assim como a vaca mastiga o capim repetidamente, precisamos "mastigar" mentalmente a verdade que é a palavra de Deus. Repetição irá firmemente fixar o verso no seu Espírito e começará a mudar sua vida.

4. Confesse a Palavra de Deus sobre sua vida. Sua vida irá refletir o nível das suas confissões. As palavras que você confessa com sua boca revela a condição do seu coração. **"Raça de víboras, como podem vocês, que são maus, dizer coisas boas? Pois a boca fala do que está cheio o coração. O homem bom, do seu bom tesouro, tira coisas boas, e o homem mau, do seu mau tesouro, tira coisas más. Mas eu lhes digo que, no dia do juízo, os homens haverão de dar conta de toda palavra inútil que tiverem falado. Pois por suas palavras você será absolvido, e por suas palavras será condenado"** (Mateus 12:34-37). Confessar as promessas de Deus te leva a possuí-las. As palavras que você confessar irá ajudar ou atrapalhar você. **"A língua tem poder sobre a vida e sobre a morte; os que gostam de usá-la comerão do seu fruto"** (Provérbios 18:21).

3. Ore todo dia

Oração é o caminho para se relacionar com Deus. Você deve criar o hábito de orar todo dia. **"Portanto, confessem os seus pecados uns aos outros e orem uns pelos outros para serem curados. A oração de um justo é poderosa e eficaz"** (Tiago 5:16). Esta promessa significa que Deus ouve e responde suas orações.

Oração é simplesmente conversar com Deus sobre as coisas que estão no seu coração. Fale para Deus o que você está sentindo. Deixe-o saber sobre o que você está passando. Leve seus problemas para Deus porque Ele quer te ajudar em todas as áreas da sua vida. **"Lancem sobre ele toda a sua ansiedade, porque ele tem cuidado de vocês."** (1 Pedro 5:7). Agradeça a Ele pela bondade Dele na sua vida. Fale para Ele o quanto você O ama.

Oração é uma conversa de duas pessoas, e não uma só. **"Clame a mim e eu responderei e direi a você coisas grandiosas e insondáveis** que você não conhece" (Jeremias 33:3). Depois que você falar o que você quiser para Deus, fique quieto e ouça-o. Uma estação de rádio está sempre tocando, mas se você não sintonizar na frequência correta, você não encontrará sinal. Da mesma maneira é Deus. Você descobrirá que Deus está sempre disposto a falar conosco, mas precisamos estar sintonizador na frequência dEle. A maneira para você fazer isso é investir tempo em oração.

Se você não sabe o que dizer quando orar, você pode orar o **"Pai nosso"**. **Quando os discípulos perguntaram a Jesus como eles deviam orar, Jesus lhes ensinou da seguinte maneira:'Pai nosso, que estás nos céus! Santificado seja o teu nome. Venha o teu Reino; seja feita a tua vontade, assim na terra como no céu. Dá-nos hoje o nosso pão de cada dia. Perdoa as nossas dívidas, assim como perdoamos aos nossos devedores. E não nos deixes cair em tentação, mas livra-nos do mal, porque teu é o Reino, o poder e a glória para sempre. Amém'** (Mateus 6:9-13).

4. Comunhão com os Cristãos

Você precisa ir à igreja. É impossível você ser um Cristão forte sozinho. A Bíblia diz: **"Não deixemos de reunir-nos como igreja, segundo o costume de alguns, mas procuremos encorajar-nos uns aos outros, ainda mais quando vocês veem que se aproxima o Dia"** (Hebreus 10:25). Quanto mais o retorno de Jesus está próximo, mais importante é que vamos à igreja, que é a visível manifestação do reino de Deus na Terra.

Você precisa de suporte, encorajamento, e treinamento vindo de outros Cristãos. Isso significa que você precisa fazer parte de uma igreja. Se você ainda não é membro de uma, encontre uma em que a Palavra de Deus é fielmente pregada. Procure por um pastor que pregue a Bíblia e acredite nos poderes e milagres. Procure uma igreja em que as pessoas estão sendo salvas e curadas. Vá à uma igreja em que você pode sentir a presença de Deus quando você pisar no templo.

41

5. Seja batizado nas águas

Ser batizado nas águas é uma questão muito importante para a vida do Cristão. Este ato simboliza a morte do seu velho homem e a ressurreição de uma nova criatura. Jesus disse aos seus discípulos: **"Quem crer e for batizado será salvo, mas quem não crer será condenado" (Marcos 16:16).** Jesus comandou seus discípulos: **"Portanto, vão e façam discípulos de todas as nações, batizando-os em nome do Pai e do Filho e do Espírito Santo" (Mateus 28:19).** Jesus foi batizado no rio Jordão no começo do seu ministério **(Mateus 3:13-17).**

No dia de Pentecostes, Pedro pregou uma palavra poderosa, então ele disse às pessoas que responderam à mensagem: **"Pedro respondeu: "Arrependam-se, e cada um de vocês seja batizado em nome de Jesus Cristo, para perdão dos seus pecados, e receberão o dom do Espírito Santo" (Atos 2:38).** Todos aqueles que **"... aceitaram a mensagem foram batizados, e naquele dia houve um acréscimo de cerca de três mil pessoas" (Atos 2:41).**

Pedro batizou a casa de Cornélio inteira após eles terem sido batizados no Espírito Santo **(Atos 10:44-48).** Paulo foi batizado depois que foi salvo **(Atos 9:18).** Durante todo o seu ministério ele batizou pessoas **(Atos 19:1-6; Atos 16:31-33).**

6. Seja Generoso

Jesus disse: **"Dêem, e lhes será dado: uma boa medida, calcada, sacudida e transbordante será dada a vocês. Pois a medida que usarem, também será usada para medir vocês" (Lucas 6:38).** Dar é como plantar uma semente no campo. Quando um fazendeiro planta uma semente, ele espera a colheita. Quando você dá dízimos e ofertas para Deus, você pode esperar pelos frutos.

Todos nós amamos receber um presente de um amigo. Imagine o quanto Deus se agrada de quando Ele recebe um presente seu. Jesus disse: **"Em tudo o que fiz, mostrei-lhes que mediante trabalho árduo devemos ajudar os fracos, lembrando as palavras do próprio**

Senhor Jesus, que disse: 'Há maior felicidade em dar do que em receber'" (Atos 20:35). Não importa o quanto você dê para Deus, Ele irá sempre te abençoar ainda mais.

Alegre-se quando você der dízimos e ofertas para Deus. **"Cada um dê conforme determinou em seu coração, não com pesar ou por obrigação, pois Deus ama quem dá com alegria" (2 Coríntios 9:7).**

7. Fale de Jesus ao próximo

Jesus disse aos seus discípulos: **"Sigam-me, e eu os farei pescadores de homens" (Mateus 4:19).** Todo Cristão é chamado para ser embaixador de Cristo **(2 Coríntios 5:20).** Há muitas pessoas no seu círculo de influência (vizinhos, colegas de trabalho, familiares e amigos) que precisam muito ouvir sobre Deus. **"Como, pois, invocarão aquele em quem não creram? E como crerão naquele de quem não ouviram falar? E como ouvirão, se não houver quem pregue? E como pregarão, se não forem enviados? Como está escrito: 'Como são belos os pés dos que anunciam boas novas!'"** (Romanos 10:14-15). Agora que você é Cristão, Deus irá te enviar para falar de Jesus ao próximo.

A melhor maneira de testemunhar sobre Jesus é vivendo uma vida diferenciada. Você demonstra sua nova fé através das suas atitudes, hábitos e estilo de vida. Jesus disse: **"Assim brilhe a luz de vocês diante dos homens, para que vejam as suas boas obras e glorifiquem ao Pai de vocês, que está nos céus" (Mateus 5:16).** Conforme as pessoas vêem você vivendo para Deus, elas perceberão como Cristo transformou sua vida e assim você terá a chance de testemunhar de Jesus para elas.

Testemunhar é como um mendigo faminto que encontrou pão e vai contar a outros mendigos onde eles podem encontrar o mesmo pão. Apenas diga o que Deus tem feito por você. Se Deus tem te curado, testemunhe sua cura com as pessoas ao seu redor. Se Deus te livrou da opressão de Satanás, conte sua história. Comece a orar pedindo a Deus oportunidades para falar de Cristo com outras pessoas, e então você irá encontrar muitas oportunidades em que você poderá testemunhar.

Em **Atos 1:8**, os discípulos começaram a testemunhar nas cidades em que eles moravam, mas eles não pararam por aí. Logo eles começaram a testemunhar por todo o país, em países vizinhos, e por final testemunharam nos confins da Terra. Jesus deu o seguinte mandamento aos seus discípulos: **"Vão pelo mundo todo e preguem o evangelho a todas as pessoas." (Marcos 16:15).**

Nosso Objetivo?

Todas as almas para Jesus!

Daniel & Jessica King

KING
MINISTRIES
INTERNATIONAL

Sobre o Author:

Daniel King e sua esposa Jessica se conheceram no meio de uma viagem missionária, na África. Eles são altamente requisitados como pregadores nas igrejas e conferências ao redor do mundo. A paixão, energia, e entusiasmo que carregam consigo contagiam a todos, onde quer que eles vão.

Eles são missionários evangelistas internacionais que fazem enormes festivais com multidões sendo salvas pelo mundo. A paixão que Daniel e Jessica tem por aqueles que ainda não conhecem a Jesus tem os levado para mais de 60 países pregando o evangelho para massas que constantemente ultrapassam o número de 50.000 pessoas.

Daniel foi chamado para o ministério quando tinha apenas 5 anos, e começou a pregar quando tinha 6. Seus pais se tornaram missionários no México quando ele tinha 10 anos. Aos 14 começou um ministério infantil que o deu a oportunidade de ministrar em uma das maiores igrejas americanas quando ainda era adolescente.

Quando tinha 15 anos, Daniel leu um livro em que o autor encorajava jovens a definirem uma meta para ganhar um milhão de dólares. Daniel gostou da idéia, mas achou melhor ganhar um milhão de pessoas para Cristo todos os anos.

Daniel já escreveu mais de vinte livros, incluindo seus mais vendidos "Poder de Cura", "O Segredo de Obed-Edom", e "Fogo Poderoso". Seu livro "Bem-vindo ao Reino" tem sido distribuído para dezenas de milhares de novos convertidos.

Cruzadas de Milagres

La República Dominicana

Honduras

Panama

Mexico

Guatemala

Sudan

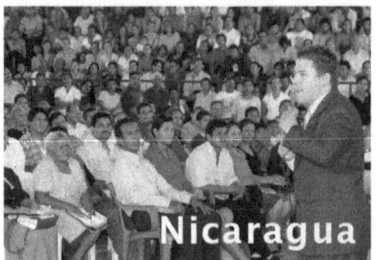

Cruzadas de Milagres

Metu, Ethiopia

Khushpur, Pakistan

Roca Blanca, Mexico

Sialkot, Pakistan

Agere Maryam, Ethiopia

Kisaran, Indonesia

Cruzadas de Milagres

Sambava, Madagascar

Wondo Genet, Ethiopia

Kihihi, Uganda

Guder, Ethiopia

Kawdé Bouké, Haiti

Copan, Honduras

Os cegos vêem

Os surdos ouvem

Os coxos andam

Milagres provam que Jesus Cristo está vivo!

Cadeira de rodas vazia

Livre de Demônios

Coxos caminhando

Cura do cancêr

A visao da King Ministry é levar
1.000.000 de pessoas para Jesus todo ano,
e treinar cristaos para se tornarem lideres.

Para contatar Daniel & Jessica King:

King Ministries International

PO Box 701113

Tulsa, OK 74170 USA

King Ministries Canada

PO Box 3401

Morinville, Alberta T8R 1S3 Canada

1-877-431-4276

www.kingministries.com

E-Mail:

daniel@kingministries.com

www.ingramcontent.com/pod-product-compliance
Lightning Source LLC
Chambersburg PA
CBHW060949050426
42337CB00052B/3143